하늘 Sky
사냥 Hunt

하늘 사냥
장철호 디카시집

초판 1쇄 발행 2024년 10월 31일

지은이 장철호
펴낸이 장길수
펴낸곳 지식과감성⁺
출판등록 제2012-000081호

교정 김나현
디자인 강샛별
편집 강샛별
검수 이주희, 윤혜성
마케팅 김윤길, 정은혜

주소 서울시 금천구 빛꽃로298 대륭포스트타워6차 1212호
전화 070-4651-3730~4
팩스 070-4325-7006
이메일 ksbookup@naver.com
홈페이지 www.knsbookup.com

ISBN 979-11-392-2178-7(03810)
값 12,000원

- 이 책의 판권은 지은이에게 있습니다.
- 이 책 내용의 전부 또는 일부를 재사용하려면 반드시 지은이의 서면 동의를 받아야 합니다.
- 잘못된 책은 구입하신 곳에서 바꾸어 드립니다.

* 이 책은 '2024 진주문화관광재단 기금지원사업'의 지원을 받아 발간되었습니다.

지식과감성⁺
홈페이지 바로가기

하늘 Sky
사냥 Hunt

장철호 디카시집 DICA POEM

쉼이 필요한 시간
세상에 던져 보는
플라이 낚시

시인의 말

스쳐 가는 피사체의 향연
꿈틀대며 꼬리 치는 시어들

.
.

세상에 던져 보는 플라이 낚시

.
.

앵글 속에서 미소 짓는 자화상
기쁜 마음으로 설레는 밤

2024년 가을
감성 사냥꾼 장철호

차례

시인의 말   5

1부
데뷔 무대

시작	12
봄날의 수다	14
데뷔 무대	16
하늘 분양	18
청춘들	20
그리운 외침	22
우주 통신	24
환한 오후	26
낮달	28
사랑	30
구름 정거장	32
향기로운 하모니	34
마지막 연주	36

2부
초록의 노래

푸른 시절	40
짝	42
존재의 이유	44
결실	46
초록의 노래	48
어깨동무	50
추억	52
노랑 등	54
구름 공장	56
숨결	58
우리은하	60
심지	62
시선	64
그림 액자	66

3부
어떤 미소

하늘 사냥	70
교신 중	72
가을 발자국	74
입주 가능	76
호수의 심장	78
아픈 자리	80
숨은 매력	82
달꽃	84
속마음	86
생의 의미	88
부자 된 날	90
어떤 미소	92
바래지 않는 벽지	94

4부
참 좋은 풍경

골목길	98
낮 등	100
알람 시계	102
비움	104
기억의 문	106
애장품	108
지탱의 법칙	110
참 좋은 풍경	112
언제쯤	114
의지	116
자유를 표현하는 기법	118
빛나는 자리	120
불멸의 지휘	122
닮은꼴	124
비움과 지탱의 법칙으로 일군 사랑의 시학 - 오홍진(문학평론가)	126

1부

데뷔 무대

시작

노래하고 가야지?
춤도 추고 가야지?

꿈만 꾸다 갈 순 없잖아
불쑥, 세상에 나왔으면

봄날의 수다

저마다 입을 열었다
재잘재잘, 재잘재잘

새날의 이야기로 가득하다
움츠렸던 시간은 까맣게 잊은 듯

데뷔 무대

해를 쌓아 닦은 실력
튜닝은 끝났다

데뷔 무대에 선 나팔수
꿈의 연주가 시작되었다

하늘 분양

한 평 갖기도 힘든 세상
기한 없는 분양 소식이 들린다

원하는 만큼 가져가고
눈길 한 번이면 충분하다

마음 넓은 하늘에게 주는

청춘들

서로의 향에 취해

날 새는 줄도 몰랐지

요염한 다크서클이 생기는 줄도

그리운 외침

하늘에서 외치는 소리

"보고 싶어요
사랑해요"

동그라미 치는 그리움

우주 통신

홀씨로 떠돌다 불시착한 지구
오지 않을 거란 걸 알면서도

해마다 안테나를 세운다
희망이라는 새 이름으로

환한 오후

하루를 등지고 서서
눈부시게 웃고 있다

싱싱한 해가 뜬 날
지친 오후가 환해졌다

낮달

밤새도록

어두운 밤을 밝히느라

점점 식어 가는 걸 거야

아니?

잘 비워서 다시 충전하는 걸지도 몰라

사랑

잘려 나간 상처마다
정성스레 어루만진다

겹겹이 감싸안아
조건 없이 다독이는

참, 자연스러운 사랑

구름 정거장

지친 해가 쉬어 가고
그렁그렁 물방울이 잠자는 곳

쉼이 필요한 시간
빛나는 한 조각

향기로운 하모니

톡 대면 재생되어 날아가려나?

전기도, 건전지도 필요 없는
향기로운 어울림

코를 가까이 대지도 않았는데
벌써 번져 버렸다

마지막 연주

가려는 봄
잠시 잡아 둘게요
봄의 연주가 끝날 때까지

2부

초록의 노래

푸른 시절

설익고 풋내 나던

완벽하진 않지만

겁 없고 푸르던 시절

짝

마주 보며
싹틔우는 것

함께하며
행복해지는 것

존재의 이유

세상과의 경계를 지키는
외로운 파수꾼

땡!
좌표를 알리는 것이다

여기 살아 있다고

결실

땀의 흔적이 숨어 있어
해와 달, 이슬 그리고

거친 손의 합작품
결실의 응원 소리 그득해

초록의 노래

초록의 노래가 들려온다
바람의 반주에 맞추어

알알이 모여 일렁인다
이토록 짙은 화음을 본 적 있나요?

어깨동무

마음과 마음
사랑과 사랑으로 매듭진
때 묻지 않은 어깨동무

추억

빛줄기에 주렁주렁
어린 날이 매달릴 때

입술에 똑 떨어지는
달콤한 추억

노랑 등

어디서 귀한 손님
누가 오시길래

저리도 환하게
노랑 등을 밝혔을까?

구름 공장

몽실하게 한 움큼
하늘 속에 포장합니다

바람 편에 어디로든
궁금한 선물이 출발합니다

숨결

침묵으로 입을 다문

유난스레 깊은

숨결

산이 건네는 그윽한 품

우리은하

오가는 사람
한 번쯤 빠져 보라고

싱크홀처럼 닻을 내린
별의 군무

심지

어디든 우뚝 설 수 있다
굳게 내린 마음
한 뿌리라면

시선

세상은

물빛 머금은

촉촉한 숲길

그림 액자

부엌 한쪽 액자에다
잘 걸어 두고

흔들릴 때마다
마음을 다잡았겠지?

변하지 않아 더 그리운 그림

3부

어떤 미소

하늘 사냥

하늘에 던져 놓은 그물에
가을 하나가 낚였다

파닥거리는 계절을
꾸-욱 눌러 담았다

교신 중

안테나를 활짝 열어
주파수를 보낸다

"잘 지내시나요?"
세상과의 교신 중

가을 발자국

가을이 온다
제각각 발자국을 찍으며

사그락…
궁금한 소리까지 살짝 숨겨 놓았다

입주 가능

월세, 전세, 내 집 마련
근심 걱정 하나 없는
넉넉한 숲속

여전히 그곳은
입주 가능

호수의 심장

해를 감싸안는
호수의 고요에게 묻는다

뜨거운 심장을 가지면
그렇게 설레는지

아픈 자리

아파도 모르는 척
세상의 무게를 견디는 자리

슬며시 비켜 앉는
마음 한 조각

숨은 매력

비밀을 들킨 걸까?
발그레 상기되어
새콤해져 버린
숨길 수 없는 붉은 매력

달꽃

하늘 깊이 퍼진 향에
그만 맺혀 버렸지

그 틈에 슬쩍
수줍게 웃고 있는 달꽃

속마음

가시 돋친 외모라고
마음까지 모났다 할까 봐

꼬옥 껴안았습니다
알알이 단단하게

생의 의미

아슬하게 매달린 낙엽 하나
한 가닥 줄에 의지한 채

하릴없이 남기는 말
끝날 때까지 끝난 게 아니라고

부자 된 날

던져도 던져도 샘솟는 보물
세상 누구도 부럽지 않은
찐 부자가 된 날

어떤 미소

툭!
떨어져 그려진

화려했던 날의 크로키
물감처럼 번져 버린 어떤 미소

바래지 않는 벽지

인공의 색소 하나 없는
천연 벽지

마음에 발라 두면 바랠 일 없다
벌써 그리운

4부

참 좋은 풍경

골목길

숨바꼭질하던 어린 날

금방이라도 소리 지르며
튀어나올 것 같은

티 없이 개구졌던 놀이터

낮 등

바다 건너오시는 손님
길 헤매지 말라고

한낮부터 등을 내걸었나?
바람이 먼저 와 속삭이네

알람 시계

간지러운 물방울들의 연주
절정을 알리는 휘파람 소리

아침의 블라인드에 소리가 채워지면
조건 반사로 피어나는 입꼬리

비움

되로 주고 말로 받던 시절
분주했던 역사가 비어 있다

한자리를 부지런히 채웠던 이유로
비워도 비워도
비워진 게 아니겠지?

기억의 문

추억한다는 건
기억을 엿보며
존재하는 것

추억과 기억 사이

애장품

하얗게 세월을 덮고
식은 몸을 달랜다
내 임의 고달팠던 애장품

지탱의 법칙

무질서에 가려진 질서
서로를 받치는 배려는

무너지지 않는
지탱의 법칙

참 좋은 풍경

"고단한 몸을 굴리느라
고생 많았네"
나지막한 속삭임

어깨를 내주고 받는
참 좋은 풍경

언제쯤

운명처럼 분양받은 공간
늘 제자리걸음

언제쯤 더 넓은 곳으로 갈까?
빈 날갯짓 소리 아련하다

의지

불꽃처럼 타오른다
단단하던 구속을 뚫어 버리고

"할 수 있다"

샘솟는 의지가 춤을 춘다

자유를 표현하는 기법

붓 가는 대로
마음 가는 대로

나무의 표현은 거침이 없다
문득, 자유롭고 싶다

빛나는 자리

캄캄한 밤을 수놓는 별들처럼
하나가 아닌 둘
둘이 아닌 셋이 될 때
각자의 자리는 빛이 난다

불멸의 지휘

소용돌이치는 사유의 흔적
세상 향해 솟아오른다

꺼지지 않는 영혼의 연주
불멸의 지휘가 시작되었다

＊2022년 하동국제문학제 이병주디카시 공모전 대상작

닮은꼴

무릎이 튀어나올 정도로
오래 입은 바지처럼

닳고 닳아서 없어진
어머니의 해진 연골처럼

* 2022년 황순원문학제 디카시 공모전 수상작

■ 시집 해설

비움과 지탱의 법칙으로 일군 사랑의 시학
- 장철호의 디카시

오홍진(문학평론가)

 '디카'시는 디카(디지털카메라)로 찍은 사진 이미지와 언어로 표현된 시로 구성되어 있다. 사진 이미지와 시가 따로 있는 게 아니라 사진 이미지와 시가 하나로 이어져 '디카시'라는 양식이 탄생한다. 사진 이미지와 시가 밀접하게 맞물려 있을수록 디카시의 수준이 높아진다. 이런 점을 고려한다면, 장철호의 디카시는 무엇보다 작품의 수준이 고르다는 특징을 지니고 있다. 디카시의 양식적 특성을 정확히 파악하고 있다고 말해도 좋겠다. 디카시의 사진 이미지는 시인이 일상 속에서 순간적으로 발견한 시적 이미지와 연동되어 있다. 일상 속 날것의 이미지를 사진 이미지로 제시하는 게 디카시의 출발점이라면, 사진 이미지에서 얻은 영감을 언어로 표현하는 게 디카시가 완성되는 지점이라고 할 수 있다. 언어만으로 이루어진 기존 시와는 다른 맥락으로 디카시를 감상해야 하는 이유는 여기에 있다. '디카'와 '언어'라는 두 매체의 특성을 염두에 두지 않으면 디카시를 제대로 감상할 수 없다는 점을 분명히 알아야 한다.

노래하고 가야지?
춤도 추고 가야지?

꿈만 꾸다 갈 순 없잖아
불쑥, 세상에 나왔으면

– 「시작」 전문

저마다 입을 열었다
재잘재잘, 재잘재잘

새날의 이야기로 가득하다
움츠렸던 시간은 까맣게 잊은 듯

- 「봄날의 수다」 전문

「시작」에는 나뭇가지에 움이 돋은 사진 이미지가 제시되어 있다. 봄이 오면 움이 돋고 꽃이 핀다. 새롭게 피어난 생명을 향해 시인은 불쑥 세상에 나왔으니 노래하고, 춤을 추라고 이야기한다. 새로운 생명을 얻었기에 노래를 부를 수 있고, 춤을 출 수 있다. 노래와 춤은 그러니까 살아 있는 생명을 나타내는 징표와 같다. 생명에

게 노래하고 춤추는 일은 그저 꿈으로만 남을 수 없다. 봄을 맞은 생명은 겨우내 품었던 꿈을 노래와 춤이라는 '현실'로 표현한다. 무언가를 시작해야 무언가를 이룰 수 있다. 시인은 이 상황을 꽃이 피어야 열매가 맺는 자연 이치에 비유한다. 생명으로 태어난 이상 자연 이치를 벗어날 수는 없다. 꿈만 꾸는 존재가 자연에서 어떻게 한 생명으로 살아남을까? 생명은 꿈을 현실로 드러냄으로써 비로소 이름을 남긴다. 시를 쓰는 시인이라고 나르지 않다.

재잘재잘 입을 열어 수많은 이야기를 들려주는 생명의 이미지는 「봄날의 수다」에서도 그대로 드러난다. '재잘재잘'은 쉬지 않고 말하는 어린아이의 말버릇과 이어져 있다. 어린아이는 처음 보는 사물들을 호기심 어린 시선으로 바라본다. 어린아이의 시선으로 보면, 한 사물에는 수많은 이야기가 달라붙어 있다. 어린아이의 시선이란 상상하는 시선과 통한다. 한 사물에 드리워진 다양한 가능성을 상상함으로써 이 세상은 사물들이 펼쳐 내는 다채로운 이야기로 넘쳐 난다. 물론 사물이 들려주는 이야기를 들으려면 사물에 스민 자연 이치를 상상하는 마음결이 필요하다. 겨우내 땅속에 움츠렸던 마음을 활

짝 열어젖히는 순간, 온갖 사물은 이 땅을 "새날의 이야기로 가득" 채운다. 장철호의 디카시는 바로 이 지점에서 우리 눈앞에 한 송이 꽃으로 피어난다.

잘려 나간 상처마다
정성스레 어루만진다

겹겹이 감싸안아
조건 없이 다독이는

참, 자연스러운 사랑

  – 「사랑」 전문

지친 해가 쉬어 가고
그렁그렁 물방울이 잠자는 곳

쉼이 필요한 시간
빛나는 한 조각

- 「**구름 정거장**」 전문

　자연 사물은 자신을 과장하지 않는다. 그것을 보는 이들이 사물을 과장하고 거기에 한정된 의미를 붙일 뿐, 자연 사물은 그런 의미에 연연하지 않는다. 몸통이 잘려 나간 나무가 사진 이미지로 제시된 「사랑」이라는 시를 먼저 보자. "잘려 나간 상처마다/ 정성스레 어루만진 다"라는 시구에 나타난 대로, 뭇 생명은 다른 생명의 상처를 정성스레 어루만진다. 시인의 말마따나 생명을 향한 사랑에는 조건이 없어야 한다. 뿌리가 살아 있는 한 나무는 다른 생명이 베푸는 이 사랑을 먹고 변함없이 생명을 유지한다. 그리고 때가 되면 잎을 피우고, 꽃을 피운다. "자연스러운 사랑"은 이리 보면 자연 이치를 철저하게 따르는 데서 비롯된다. 무언가에 매인 존재가 어떻게 자연 이치로 표현되는 사랑에 가닿을 수 있을까? 조건 없는 자연의 사랑이 이루어지려면 사물 역시 스스로 모든 것을 내려놓아야 한다.

자연 사물이 있는 곳이라면 어디에서나 이런 사랑이 이루어진다. 「구름 정거장」에 나타나는 '구름 정거장'은 "지친 해가 쉬어 가고" "물방울이 잠자는" 장소이다. "쉼이 필요한 시간"이 오면 구름 정거장은 "빛나는 한 조각"이 되어 지친 영혼들을 온몸으로 받아들인다. 구름 정거장이 있기에 해는 땅 위 생명에 햇살을 내리비추고, 물방울은 비가 되어 땅으로 떨어진다. 해가 없으면, 물이 없으면 땅을 삶터로 사는 생명은 이내 시들 수밖에 없다. 자연 사물이 서로를 향해 펼치는 사랑이 뭇 생명의 사랑으로 거듭나는 까닭은 여기에 있다. 자연 사물의 사랑에는 이기심이 머물 자리가 있을 수 없다. 장철호 시인은 무엇보다 자연 사물에 서린 사랑의 힘을 언어로 드러내는 데 주력하고 있다. 한 생명은 다른 생명에 사랑을 베풂으로써 한 생명으로 살아갈 힘을 얻는다.

마주 보며
싹틔우는 것

함께하며
행복해지는 것

- 「짝」 전문

땀의 흔적이 숨어 있어
해와 달, 이슬 그리고

거친 손의 합작품
결실의 응원 소리 그득해

– 「결실」 전문

「짝」을 따르면, 사랑이란 서로 마주 보며 싹을 틔우는 것이다. 마주 보고 잎을 피운 나무들이 사진 이미지로 제시된 위 시에서 시인은, "함께하며/ 행복해지는 것"이 바로 사랑이라고 이야기한다. '짝'은 둘을 의미한다. 혼자서는 짝을 이룰 수 없다. 둘이 마주 보며 싹을 틔우는 짝이 되려면 자기를 중심에 세우려는 이기심을 내려놓아야 한다. 이기심은 모든 것을 독차지하려는 마음과 같다. 잎을 피운 나무 두 그루는 햇빛과 물을 공유한다. 서로 어깨를 기댈 수 있을 만큼 '마주 보며' 성장한다. 시인은 마주 보며 성장하는 자연 사물을 통해 우리가 지향해야 할 어떤 세계를 상상한다. 거기에서는 이기심에 매인 권력을 찾아 볼 수 없다. 말 그대로 생명과 생명이 하나로 이어져 새로운 생명을 낳는 풍경이 그 세계에는 스며 있다.

열매로 성장한 호박이 사진 이미지로 제시된 「결실」에는 "땀의 흔적"이라는 핵심 시구가 나온다. 호박 하나가 성장하기 위해서는 해와 달, 그리고 이슬과 같은 자연의 힘이 필요하다. 시인은 "거친 손의 합작품"이라는 시구로 호박의 몸에 깊이깊이 서린 자연의 힘을 표현한다. 시간이 흐른다고 호박이 성장하는 건 아니다. 햇빛과 달빛이 비쳐야 하고, 이슬이 촉촉이 내려앉아야 한다. 한여름에는 풍족한 비가 내려 뜨거운 열기를 식혀야 한다. 열매가 된 호박에는 그래서 "결실의 응원 소리"가 그득하다. 호박 하나를 키우기 위해 얼마나 많은 생명이 마음을 졸였을까? 장철호는 바로 이 마음으로 자연 사물을 대한다. 뭇 생명을 사랑으로 대하는 마음결에서 그의 시가 뻗어 나온다는 얘기다.

하늘에 던져 놓은 그물에
가을 하나가 낚였다

파닥거리는 계절을
꾸-욱 눌러 담았다
- 「하늘 사냥」 전문

하늘 깊이 퍼진 향에
그만 맺혀 버렸지

그 틈에 슬쩍
수줍게 웃고 있는 달꽃

― 「달꽃」 전문

 뭇 생명이 하나로 이어져 있으니 하늘과 땅 또한 당연히 하나로 이어져 있다. 하늘과 땅이 하나니 뭇 생명 역시 하나로 이어져 있다고 말해도 무방하다.「하늘 사냥」에는 그물 위에 떨어진 낙엽 하나가 사진 이미지로 제시되어 있다. 낙엽은 그저 낙엽이 아니다. 낙엽은 자연 이치를 따른다. 떨어질 때가 되었기에 땅으로 떨어진다는 말이다. 그물에 걸린 낙엽을 보며 시인은 푸르고 푸른 가을이 왔음을 새삼 느낀다. 가을이 오면 뭇 생명은 몸을 웅크릴 준비를 한다. 겨울을 견딜힘을 몸속에 저장하기 시작한다. 봄이 새로운 생명의 시작을 알리는 계절이라면, 가을은 그 생명을 갈무리할 시간이 도래했음을 분명히 알리는 계절이다. "파닥거리는 계절을/ 꾸-욱 눌러 담"는 가을을 시인이 '하늘 사냥'이라고 표현한 까닭은 여기에 있다. 자연 사물은 그렇게 시간 속에서 피었다가 시간 속에서 저무는 일을 반복한다.

「달꽃」에서는 지상에 핀 꽃과 하늘에 뜬 달이 하나로 어울려 표현된다. 나뭇가지에 걸린 달은 시 제목처럼 '달꽃'으로 거듭난다. 하늘에 뜬 달이 어떻게 꽃으로 다시 피어나는 것일까? 시인은 "하늘 깊이 퍼진 향"이라고 쓰고 있다. 꽃향기가 하늘로 피어올라 달꽃을 피운다. 달빛이 나무에 스며 꽃을 피워 낸다고 말해도 상관없다. 하늘 깊이 퍼진 꽃향기를 듬뿍 머금은 달은 나뭇가지에 기꺼이 달라붙어 달꽃으로 피어난다. "수줍게 웃고 있는 달꽃"의 이미지는 나뭇가지에 걸린 채 다른 꽃들과 어울리는 사진 이미지로 제시되어 있다. 디카시는 사진 이미지로 시인의 머릿속에 그려진 이미지를 드러낸다. 언어로는 채 느낄 수 없는 사물 이미지를 독자들은 사진 이미지를 보며 온몸으로 느낀다.

아파도 모르는 척
세상의 무게를 견디는 자리

슬며시 비켜 앉는
마음 한 조각

- 「아픈 자리」 전문

던져도 던져도 샘솟는 보물
세상 누구도 부럽지 않은
찐 부자가 된 날

-「부자 된 날」 전문

  디카시를 읽는 독자들은 사진 이미지를 먼저 본다.
「아픈 자리」에 제시된 사진 이미지는 허름한 의자다. 다
리 하나에는 시멘트로 공사한 흔적이 보인다. 시 제목을
참고하면 '아픈 자리'다. 한 다리가 아픈데도 의자는 여
전히 그 위에 누군가를 앉힌다. "아파도 모르는 척/ 세
상의 무게를 견디는 자리"라는 시구에 드러나듯, 시인

은 '아픈 의자'에 깊은 연민을 느낀다. 아무도 앉지 않으면 의자라고 할 수 없다. 의자는 몸이 아무리 아파도 세상의 무게를 온전히 견뎌야 하는 운명을 지닌 채 태어난다. 아픈 의자가 감당하는 그 마음을 알기에 시인은 "슬며시 비켜 앉는/ 마음 한 조각"을 가슴 깊이 품을 수 있다. 시를 읽고 다시 사진 이미지를 본다. 아픈 다리를 감싸안은 '마음 한 조각'이 눈길을 끈다. 바로 이 자리에서 사물을 향한 끈끈한 사랑이 피어난다고 말하면 어떨까?

「부자 된 날」에는 단풍나무 아래에서 단풍잎을 흩뿌리며 즐겁게 뛰어노는 아이들의 모습이 사진 이미지로 제시된다. 노랗게 물든 단풍잎을 시인은 "던져도 던져도 샘솟는 보물"로 표현한다. 한 아이가 하늘 높은 줄 모르고 뛰어오르면, 다른 아이들은 그를 향해 단풍잎을 던진다. 아이들은 지난 시간을 뒤돌아보지 않는다. 앞으로 올 시간에 매여 있지도 않다. 아이들은 그저 노란 단풍잎이 찬란하게 비치는 지금 이 순간에 집중한다. 당연히 세상 그 누구도 부러워할 겨를이 없다. "찐 부자가 된 날"이라는 시구를 가만히 음미해 보라. 누군들 노란 단풍잎에 둘러싸인 저 아이들만큼 행복할 수 있을까? 장철호의 디카시에는 이렇듯 일상의 익숙한 이미지가 넘쳐 난다. 우리가 보는 일상의 풍경 하나하나가 시의 소재가 될 수 있다는 점을 시인은 분명하게 보여 준다.

되로 주고 말로 받던 시절
분주했던 역사가 비어 있다

한자리를 부지런히 채웠던 이유로
비워도 비워도
비워진 게 아니겠지?

- 「비움」 전문

무질서에 가려진 질서
서로를 받치는 배려는

무너지지 않는
지탱의 법칙

- 「지탱의 법칙」 전문

「비움」에는 텅 빈 됫박이 사진 이미지로 제시되어 있다. 됫박은 곡식의 분량을 잴 때 사용하는 물건이다. 시인은 됫박을 보며 "되로 주고 말로 받던 시절"을 떠올린다. '되'보다 '말'이 큰 분량을 나타내니, 이 말은 가난해도 정이 넘쳐 나던 시절을 가리킨다. 지금은 별다르게 쓰

이지 않는 저 뒷박에는 "분주했던 역사"가 스며 있다. 저 뒷박을 양식으로 채우며 웃음을 터트렸을 민중들을 떠올려 보라. 하루 벌어 하루 사는 이들에게 뒷박을 채운 곡식은 곧 생명과 다르지 않은 것이었다. 이토록 분주하고 고통스러웠던 시절을 뒤로하고 뒷박에는 지금 아무것도 담겨 있지 않다. 아무것도 담기지 않은 뒷박에서 시인은 "비워도 비워도/ 비워진 게" 아닌 무언가를 엿본다. 텅 빈 뒷박에는 무엇이 담겨 있을까? 지나간 시절의 정일까, 아니면 다시는 오지 않을 시간의 여운일까?

「비움」에 드리워진 비움의 시학은 「지탱의 법칙」에 이르면 "서로를 받치는 배려"로 표출된다. 비움으로써 무언가를 가득 채우는 마음을 시인은 이 시에서 크기와 모양이 다른 돌들로 만들어진 돌담에서 찾고 있다. "무질서에 가려진 질서"는 "무너지지 않는/ 지탱의 법칙"에서 비롯된다. 무질서에서 질서를 찾는 지탱의 법칙은 서로를 받치고 배려하는 마음에 뿌리를 둔다. 하나하나의 돌은 무질서하지만, 그 돌들이 서로를 지탱하면 질서 있는 돌담이 세워진다. 지탱의 법칙은 이리 보면 비움의 법칙과 상당히 유사하다. 자기를 비우지 않은 사물이 어떻게 다른 사물과 더불어 사는 힘을 낼 수 있을까? 장철호 시인은 주변에 널린 일상 사물을 통해 비움과 지탱의 법칙이 만들어 내는 세계를 상상한다. 비움과 지탱의 법칙은 돌려 말하면 타자를 배려하고 사랑하는 마음과 연동되어 있다. 무언가/누군가를 배려/사랑하는 마음이 곧 장철호 디카시를 낳는 원동력이라고 말해도 좋겠다.

붓 가는 대로
마음 가는 대로

나무의 표현은 거침이 없다
문득, 자유롭고 싶다
- **「자유를 표현하는 기법」 전문**

무릎이 튀어나올 정도로
오래 입은 바지처럼

닳고 닳아서 없어진
어머니의 해진 연골처럼

− 「닮은꼴」 전문

「자유를 표현하는 기법」에는 장철호가 추구하는 시작법이 분명히 나타난다. 그는 "붓 가는 대로/ 마음 가는 대로" 시를 쓰려고 한다. 붓 가는 대로 시를 쓰려면 사물에 덧붙은 의미에 종속되어서는 안 된다. 거침없이 하늘로 뻗는 이미지 속 저 나뭇가지처럼 시인은 의미 너머에서 빛나는 사물의 여백을 시 언어로 포착하려고 한다. 사물의 여백이란 일상 언어로는 포획할 수 없는 잉여를 가리킨다. 사물의 잉여는 언어 바깥에서 끊임없이 꿈틀댄다. 붓 가는 대로, 마음 가는 대로 사물을 들여다보아야 시인은 사물에 드리워진 여백/잉여와 마주할 수 있다. 사물을 자유롭게 풀어놓는 이 마음이 어떻게 시의 자유에 이르는 길이 되는 것일까? 의미에 매일수록 사물은 그만큼 자유를 잃을 수밖에 없다. 그래서일까, 사진 이미지에 나타나듯 시인은 사방으로 가지를 뻗는 "나무의 표현"에 집중한다. 붓 가는 대로 뻗치는 나무의 자유가 곧 마음 가는 대로 뻗치는 언어의 자유로 이어진다고나 할까?

「닮은꼴」에서는 옹이진 나무의 사진 이미지가 유독 눈에 띈다. 나무에게 옹이는 아문 상처와 같은 것이다. 시인은 밖으로 튀어나온 옹이를 보며 "무릎이 튀어나올 정도로/ 오래 입은 바지"를 상상하고, "닳고 닳아서 없어진/ 어머니의 해진 연골"을 상상한다. 옹이에는 아픈 시간의 흔적이 드리워져 있다. 오래 입은 바지에도, 어머니의 해진 연골에도 아픈 시간의 흔적은 어김없이 스며 있다. 아픈 시간을 담은 사물이 여기에 그칠 리 없다. 사진 이미지를 보는 독자들 저마다 마음 깊이 아픈 시간을 간직하고 있을 것이다. 그것이 다양한 사물로 드러날 때마다 '옹이'라는 한 사물에는 수많은 닮은꼴이 덧붙여지게 된다. 디카시의 사진 이미지는 늘 언어의 한계와 접해 있지만, 동시에 그 한계를 넘어서는 자리로 나아가는 힘이 있다. 물론 그러려면 독자의 상상력이 필요하다.

 장철호의 디카시는 무엇보다 이러한 독자의 상상력을 자극하는 이미지들로 넘쳐 난다. 디카시는 '디카'와 '시'의 합성어라고 했다. 디카로 찍은 사진 이미지와 언어로 표현된 시가 어울려야 한 편의 디카시로 인정받을 수 있다. 디카시를 읽는 독자들은 사진 이미지를 보고 언어 표현을 읽는 과정을 거치지만, 사실 이 과정은 하나로 통합되어 있다. 사진 이미지를 제대로 '봐야' 언어로 표현된 시를 제대로 '읽을' 수 있다. 장철호의 디카시는 이 과정이 참으로 자연스레 연결되어 있다. 디카시의 전형을 정확히 보여 주고 있다는 말이다. 장철호는 디카시 형식으로 우리가 사는 이 세상의 구석구석을 들여다본다. 온갖 사물들이 펼쳐 내는 지극히 평범한 일상을 시인은 특유의 시안(詩眼)으로 재구성하여 표현한다. 시인의 눈을 통해 사물은 생명이 되고 역사가 되고, 또 다른 맥락을 지닌 사물로 변주된다. 일상 속에서 일상 너머를 지향하는 디카시의 근원적 특징을 우리는 여기서 다시금 확인할 수 있다.